NOUVEL HÔTEL-DIEU.

NOUVEL HÔTEL-DIEU

DE CHARTRES
AU FAUBOURG DE BONNEVAL.

POSE DE LA PREMIÈRE PIERRE
29 AOUT 1858.

PROCÈS-VERBAL ET DISCOURS.

CHARTRES.
IMPRIMERIE DE GARNIER.
Rue du Grand-Cerf, 11.

1859.

PROCÈS-VERBAL

DE LA POSE

DE LA PREMIÈRE PIERRE

DU

NOUVEL HÔTEL-DIEU.

Aujourd'hui vingt-neuvième jour du mois d'août de l'année mil huit cent cinquante-huit, une heure après-midi, a été posée et bénie solennellement la première pierre du socle du nouvel Hôtel-Dieu de la ville de Chartres, au faubourg de Bonneval.

La translation de l'Hôtel-Dieu actuel situé près du cloître Notre-Dame, anciennement appelé l'*Aumône de Notre-Dame*, — la *Maison de Dieu de Notre-Dame*, — le *grand Hostel Dieu de Nostre-Dame de Chartres*, dont l'existence est plus que séculaire, fut arrêtée le onze mai mil huit cent quarante-quatre par la Commission administrative des hospices réunis de la ville de Chartres. Une ordonnance royale du trois décembre de la même année autorisa l'achat des premiers terrains. Depuis, un décret du vingt-trois mars mil huit cent cinquante-deux déclara cette translation d'utilité publique. Les terrains acquis à l'amiable et par voie d'expropriation, forment un périmètre de 5 hectares 27 ares 55 centiares.

Les plans et devis du nouvel Hôtel-Dieu ont été dressés par M. Le Poittevin, architecte de Versailles.

Les travaux, mis en adjudication, ont été adjugés le dix-sept août mil huit cent cinquante-sept, au sieur Cyrille Leloup, entrepreneur à Chartres.

Les premières fouilles sur le terrain ont été pratiquées le premier septembre mil huit cent cinquante-sept.

Les fondations étant achevées, il s'est agi de poser la première pierre du socle du bâtiment.

M. le Maire, au nom de la Commission, a prié M. le Préfet d'Eure-et-Loir de présider cette cérémonie.

Monseigneur l'Évêque de Chartres a bien voulu bénir la première pierre.

Des lettres d'invitation ont été adressées aux principaux fonctionnaires de la ville, civils et militaires.

M. le Supérieur général des Lazaristes et des Filles de la Charité (le R. P. Etienne), s'est excusé par une lettre du trois août mil huit cent cinquante-huit, adressée à M. le Maire de Chartres, de ne pouvoir se trouver ici, empêché qu'il était par les affaires de sa communauté.

Au nombre des assistants on remarque :

M. Jaubert, préfet d'Eure-et-Loir, Chevalier de l'Ordre impérial de la Légion-d'Honneur ;

Monseigneur Louis-Eugène Regnault, évêque de Chartres, préconisé à Rome le quinze mars mil huit cent cinquante-deux, sacré à Reims le seize mai et occupant son siège depuis le six janvier mil huit cent cinquante-trois, membre de la Légion-d'Honneur ;

Les membres du Conseil général d'Eure-et-Loir ;

Mesdames les Supérieures de l'Hôtel-Dieu de Chartres, de l'hospice des pauvres et du dépôt central des enfants-trouvés du département ;

Les membres du Conseil municipal de la ville de Chartres ;

Les médecins, chirurgiens, officiers de santé, receveur et économe des hospices ;

Les Frères des Écoles chrétiennes ;

Le Président du Tribunal civil de Chartres ;

Le Procureur impérial ;

Le Président du Tribunal de commerce ;

Les membres du Bureau de Bienfaisance.

Le public avait été admis dans l'enceinte ainsi que les ouvriers employés aux travaux de construction.

Chacun ayant pris la place qui lui était destinée, M. le Maire, M. le Préfet et Monseigneur l'Évêque ont prononcé une allocution analogue à la cérémonie.

Auprès de la place que devait occuper la première pierre étaient déposés :

      Une auge,
      Une truelle,
      Un niveau,
      Un fil à plomb,
      Une règle,
      Une hachette,
      Une pince,

Lesquels n'avaient jamais servi.

L'architecte a présenté à M. le Préfet la truelle au moyen de laquelle M. le Préfet a étendu la première couche de mortier; puis les ouvriers ont assis la première pierre.

Sur cette première pierre, M. le Préfet a déposé à la place évidée à cet effet, une boîte en cèdre haute de trente-cinq centimètres, large de vingt-cinq centimètres, épaisse de huit centimètres.

Puis une seconde pierre a été placée sur la première, de manière à la recouvrir complètement.

Le tout a été parfaitement scellé.

La première pierre du socle se trouve à l'angle droit de l'avant-corps du bâtiment central.

La première pierre (en pierre dite de Saint-Nom) porte un mètre vingt-cinq centimètres de longueur, un mètre dix centimètres d'épaisseur, cinquante-et-un centimètres de hauteur.

La pierre qui la recouvre porte un mètre quarante-six centimètres de longueur, un mètre vingt centimètres d'épaisseur, et soixante centimètres de hauteur.

La boîte placée entre ces deux pierres renferme :

Premièrement :

Une plaque de zinc, haute de trente centimètres, large de vingt centimètres, portant, en tête, ces mots : « Ville de Chartres » (des deux côtés les armes de la ville); et, au-dessous, la représentation gravée du futur monument, puis l'inscription suivante :

NOUVEL HOTEL-DIEU.

Le 29 Août 1858,

Sous le règne de NAPOLÉON III, Empereur des Français,

La première pierre de cet édifice a été posée par

M. JAUBERT, Préfet d'Eure-&-Loir,

En présence de M. SEDILLOT, Maire de la ville,

Assisté des membres de la Commission administrative des Hospices,

MM.	MM.
Rossard de Mianville,	Doublet de Boisthibault,
Billard de Saint-Laumer,	Ouvré de Saint-Quentin,
Bonnard,	Sainte-Beuve, secrétaire du Conseil,

De M. C. M. Le Poittevin, Architecte,

Et de M. Cyrille Leloup, Entrepreneur général

Après avoir été bénite

Par Monseigneur REGNAULT, Évêque de Chartres.

Deuxièmement :

Toutes les pièces de monnaie d'or, d'argent et de bronze frappées sous le règne de Napoléon III (Charles-Louis), empereur des Français, au millésime de 1856, 1857 et 1858, savoir :

PIÈCES DE BRONZE.

Une de un centime,
Une de deux centimes,
Une de cinq centimes,
Une de dix centimes.

PIÈCES D'ARGENT.

Une de vingt centimes,
Une de cinquante centimes,

*

Une de un franc,
Une de deux francs,
Une de cinq francs.

PIÈCES D'OR.

Une de cinq francs,
Une de dix francs,
Une de vingt francs,
Une de cinquante francs,
Une de cent francs.

Troisièmement :

Une médaille en argent spécialement frappée à la monnaie de Paris ;

Une autre semblable en bronze ;

Cette médaille, du module de sept centimètres de diamètre, porte :

D'un côté :

La représentation en relief du nouvel Hôtel-Dieu.
Autour : Napoléon III, empereur des Français.
A l'exergue : Nouvel Hôtel-Dieu de la ville de Chartres.

Sur l'autre face :

Autour : Pose de la première pierre. — Août 1858.

Au centre :

M. JAUBERT,
Préfet d'Eure-&-Loir.

Monseigneur REGNAULT,
Évêque de Chartres.

M. SEDILLOT,
Maire.

MM.

Rossard de Mianville,	Doublet de Boisthibault,
Billard de Saint-Laumer,	Ouvré de Saint-Quentin,

BONNARD,
Administrateurs des Hospices.

M. Le Poittevin, Architecte.

M. Leloup, Entrepreneur général.

Il n'a été frappé que soixante-quatre médailles, dont quatorze en argent et cinquante en bronze.

Monseigneur l'Évêque de Chartres, assisté de son clergé, a béni la première pierre et a dit les prières d'usage.

Et pour qu'il reste, à toujours, mémoire et fidèle souvenir de cette cérémonie civile et religieuse, le présent procès-verbal a été arrêté par les membres de la Commission qui sont :

MM. Henri Sedillot, Maire de la ville de Chartres, chevalier de l'Ordre impérial de la Légion-d'Honneur, président né de la Commission ;

Augustin-Pierre-Henri Rossard de Mianville, ancien magistrat ;

Jean-Baptiste-Alexandre Billard de Saint-Laumer, membre du Conseil municipal ;

François-Jules Doublet de Boisthibault, avocat, membre du Conseil municipal, chevalier de l'Ordre impérial de la Légion-d'Honneur ;

Pierre-Louis-Charles OUVRÉ DE SAINT-QUENTIN, receveur général des finances du département d'Eure-et-Loir, chevalier de l'Ordre impérial de la Légion-d'Honneur ;

Pierre BONNARD, notaire, premier adjoint au maire de Chartres ;

Assistés de Barthélemy-Ernest SAINTE-BEUVE, secrétaire de la Commission, tenant la plume ;

En présence de M. LE POITTEVIN, architecte des hospices.

Tous lesquels, avec Monseigneur l'Évêque et M. le Préfet, ont signé le présent procès-verbal écrit sur trois feuilles de parchemin et dont copie a été portée, à sa date, sur les registres de la Commission, après avoir été scellé, en cire rouge, du sceau des hospices, les jour, mois et an, comme dit ci-dessus.

Suivent les signatures de MM.

JAUBERT. — † E. REGNAULT, évêque de Chartres. — H. SEDILLOT. — ROSSARD DE MIANVILLE. — BILLARD DE SAINT-LAUMER. — DOUBLET DE BOISTHIBAULT. — OUVRÉ DE SAINT-QUENTIN. — BONNARD. — LE POITTEVIN. — SAINTE-BEUVE, secrétaire.

DISCOURS.

DISCOURS DE M. LE MAIRE.

Monseigneur,

Messieurs,

La ville de Chartres conservera à jamais le souvenir que vient de laisser au milieu d'elle la présence de l'Empereur et celle de l'Impératrice, dont les cœurs sensibles et charitables compatissent à toutes les infortunes. A ce souvenir vient s'ajouter aujourd'hui la douce émotion d'une solennité dans laquelle vont être appelées les bénédictions de la religion sur un édifice qui s'élève pour le soulagement de l'humanité.

La pose de la première pierre d'un hospice a excité en tout temps l'intérêt général. C'est avec reconnaissance que nous voyons cette cérémonie rehaussée encore par la présence des premiers fonctionnaires et de l'assemblée la plus élevée de notre département.

Privé de ressources, soit par l'insuffisance du produit d'un travail honnête, soit par un revers subit de la fortune, soit encore par une succession de malheurs qui l'accablent, l'homme a besoin qu'un refuge s'ouvre devant lui, au moment où les souffrances viennent l'atteindre. Aussi, dans chaque cité, l'établissement où le pauvre est assuré de rencontrer la science du médecin, le bras de la sœur de charité pour lui donner les soins que sa famille ne peut lui procurer, et la sollicitude d'une adminis tration bienveillante qui sait pourvoir à tous ses besoins, a-t-il toujours excité la sympathie la plus vive.

Ce n'est pas l'un des moindres avantages que notre ville ait recueillis de nos ancêtres, que cette abondance de biens qu'ils ont laissés pour fonder l'antique Maison hospitalière si bien désignée sous le nom d'*Hôtel-Dieu-de-Notre-Dame-de-Chartres*, où, depuis plusieurs siècles, s'exerce une charité inépuisable qui s'étend sans relâche à toutes les misères.

Placé près de la majestueuse basilique, la gloire de notre cité, et en quelque sorte protégé par son ombre tutélaire, l'ancien Hôpital paraît, dans l'origine, avoir été destiné et au guerrier revenu de la Terre-Sainte, après y avoir versé son sang pour la foi et pour l'honneur de la patrie, et au pèlerin qui, après avoir parcouru un long trajet pour accomplir son vœu au pied de l'autel de la Vierge de Notre-Dame de Chartres, tombait épuisé de fatigues. Aussi, cet asile hospitalier qui, pendant près de huit cents ans, a donné à l'humanité une assistance aussi précieuse, ne doit pas subir le triste abandon, ou même la destruction nécessitée par sa vétusté, sans que nous nous soyons efforcé de rappeler à votre souvenir ses importants services. N'est-il pas dans nos mœurs qu'un tel établissement soit, pour ainsi dire, vénérable, lorsqu'une longue histoire du passé est attachée à ses murailles noircies par les siècles ? Il nous paraît opportun en cette occasion d'attirer la reconnaissance sur ces citoyens généreux qui ont versé à la Maison de l'*Aumône de Notre-Dame*, l'or nécessaire pour y faire tant de bien.

Nous eussions été heureux de remonter avec vous à la source même de la fondation de cette œuvre assez riche pour permettre de distribuer, encore de nos jours, des secours de toute nature, comme peu de villes assurément ont la consolation de le faire. Mais ni les noms des premiers bienfaiteurs, ni l'état de leurs bienfaits ne sont parvenus jusqu'à nous. C'est en cette circonstance que s'accomplit, d'une manière trop exacte, le précepte divin qui ne veut pas que la main gauche puisse divulguer l'aumône versée par la main droite. En rendant hommage à leur humilité en même temps qu'à leur charité, ce n'est pas moins un pénible sacrifice pour nous, de ne pouvoir révéler ici le nom de ceux dont la mémoire mérite tant de bénédictions.

Le monument lui-même, par les divers styles de son architecture, ne permet pas de préciser d'une manière certaine l'époque à laquelle a été édifié ce qui reste de l'hôpital primitif.

Cependant, Messieurs, à partir du XIIIe siècle, nous possédons la liste de ses bienfaiteurs et nous trouvons parmi eux des noms illustres, tels que ceux de Thibault, comte de Blois et de Chartres, le Chapitre, plusieurs chanoines, les Geoffroy de Bérou. Des monarques eux-mêmes, Philippe III, dit le Hardy, en 1279, Jean, dit le Bon, en 1350, veulent contribuer, par leur générosité, à la prospérité de l'Hôtel-Dieu de Chartres. Dans les siècles suivants, et notamment dans le XVIIe, un grand nombre de membres du clergé, au nombre desquels figurent les Souchet, les Pintard d'Orléans, consacrent de leur vivant, ou après leur décès, une partie de leurs biens à l'entretien des malades.

Nous pouvons remarquer qu'en tout temps les ressources particulières de l'hôpital se sont trouvées aussi abondantes que la multiplicité des secours commandés par les calamités les plus fâcheuses. Cité privilégiée que notre ville, où de tous temps la charité s'est exercée sous les formes les plus ingénieuses, où la pensée d'alléger les diverses souffrances de l'homme ne s'est jamais produite sans que ses habitants ne se soient empressés de la seconder.

Messieurs, les administrations hospitalières subissent, comme les autres, les influences heureuses de l'expérience. C'est une des récompenses qui a le plus de prix pour la magistrature charitable dont nous sommes honorés, que d'introduire dans notre œuvre des améliorations dont le but est de relever la dignité et le moral du malheureux, en lui faisant oublier l'abandon dans lequel il languissait, d'étendre le nombre des secours, et d'y faire participer efficacement toutes les misères qui ne sont pas assurées de trouver, en dehors de l'établissement confié à nos soins, le soulagement qu'elles réclament.

Dès 1302, l'emplacement de l'Hôtel-Dieu était considéré comme insuffisant pour réaliser l'extension des services que l'Administration voulait y introduire. Déjà le projet de le transporter ailleurs occupait sérieusement nos prédécesseurs ; de nos jours cette nécessité s'est manifestée d'une manière plus impérieuse. Les agrandissements intérieurs devenus impossibles, l'état fâcheux d'une antique construction qui aurait entraîné des dépenses très considérables, dans une étendue de terrain trop resserrée, l'utilité reconnue de créer pour les malades de vastes salles avec des divisions convenables, suivant la nature des maladies, d'établir également de vastes préaux où l'air, la distraction, la promenade nécessaires à tous les âges de la vie, leur fassent retrouver la santé, ont déterminé le Conseil municipal de Chartres, sur la proposition de la Commission des hospices, à donner une entière satisfaction aux besoins nouveaux et aux observations constantes de l'autorité civile et militaire. Le nouvel Hôtel-Dieu double ses bienfaits et présentera à l'avenir deux cents lits pour le civil et pour le soldat sous les drapeaux.

A l'aide de fonds provenant, pendant longues années, des réserves d'une sage économie, des acquisitions de terrains comprenant plus de cinq hectares, ont été faites successivement, depuis 1814, dans le site le plus favorable sous le rapport de l'hygiène. C'est là que s'élève cette vaste construction qui réunit tous les avantages d'appropriation que l'expérience a introduits.

L'attention des membres de la Commission ne s'est pas portée seulement à rechercher les moyens de faire face aux dépenses considérables de la construction ; elle s'est assurée que, dans l'avenir, les revenus de l'hospice suffiraient, comme par le passé, pour pourvoir à toutes les dépenses qu'entraîne l'organisation du service le plus complet et le plus régulier.

Dans peu d'années se montrera plus amplement encore ici le zèle admirable des sœurs de charité dont l'ardeur ne connaît pas de bornes, et que l'on ne peut comprendre que lorsqu'on y attache l'idée du dévouement inspiré par la religion. Nous aurions aimé à voir assister à cette cérémonie le vénérable successeur de saint Vincent de Paul. Un voyage en Italie vient nous priver du bonheur d'entendre sa parole si sympathique pour l'hôpital de Chartres où, si l'on en croit la tradition, le Fondateur de son Ordre est venu, aussitôt après la formation de sa communauté, confier aux filles de la charité les pauvres malades de la ville.

Messieurs, nous sentons le besoin de vous exprimer le respectueux regret que nos vœux n'aient pas été exaucés et que Sa Majesté l'Empereur n'ait pu donner à notre ville la faveur tant désirée de poser la première pierre de notre Hôtel-Dieu.

Si une pensée peut adoucir de si légitimes regrets, c'est celle que l'habile administrateur qui dirige notre département, dont le caractère élevé, les nobles sentiments ont su lui concilier partout l'estime universelle, ait accepté la demande de la Commission des hospices de la ville pour présider à cette cérémonie. Monsieur le Préfet, la Commission vous en témoigne toute sa reconnaissance ; elle connait votre sollicitude pour tous nos établissements hospitaliers : elle sait quel prix vous attachez à toutes les mesures qui ont pour but d'adoucir la misère. A votre administration que nous désirons voir s'exercer parmi nous durant longues années, se rattachera le souvenir précieux de la construction d'un édifice qui contribuera au soulagement des malades et à l'honneur de notre cité.

Monseigneur,

Votre charité vous a conquis toute notre vénération. Vous allez attirer les bénédictions du ciel sur ce nouvel asile où les infirmités humaines trouveront les secours du corps et ceux de l'âme. La maison des malades, où l'on voit en combien de sortes la maladie se joue de nos corps, recevra souvent votre visite. Vos paroles empreintes de l'onction et de l'aménité chrétiennes sauront, et c'est en toute vérité que je puis le dire, y calmer toutes les douleurs.

DISCOURS DE M. LE PRÉFET.

Messieurs,

Si nos vœux avaient pu être exaucés, cette pierre, autour de laquelle va s'accomplir une imposante cérémonie, eût été scellée par une main auguste au milieu de l'immense concours des populations, accourues des parties les plus éloignées du département pour saluer leur élu de leurs acclamations et le remercier d'avoir, selon le souhait du sage, rendu la patrie heureuse et glorieuse. L'inépuisable charité, l'incessante sollicitude de Leurs Majestés pour toutes les infortunes, l'importance exceptionnelle de l'édifice à construire, le long avenir et les développements incessants qui lui sont réservés encore dans cette ville où la bienfaisance semble le but de toutes les existences, de toutes les aspirations, de tous les efforts, tout avait conduit à l'espoir qu'il serait possible à l'Empereur d'imprimer sa consécration personnelle à l'acte pour lequel nous sommes aujourd'hui réunis. Des exigences d'un ordre supérieur et bien appréciées nous ont condamnés à des regrets que je ne saurais plus efficacement atténuer qu'en vous apportant l'expression de touchantes et bien précieuses sympathies.

Ce n'est pas, Messieurs, une pensée récemment conçue que nous poursuivons en ce moment. Des siècles se sont écoulés depuis que le déplacement de l'Hôtel-Dieu était proclamé nécessaire. Édifié dans le IXe siècle, en ce temps où, comme de nos jours, les vastes conceptions d'un grand homme alliaient aux œuvres d'une active civilisation, celles de l'humanité et de la charité pratique, une décision était déjà prise en 1302, qui en demandait la reconstruction sur un autre emplacement. Nous ne faisons donc que réaliser un dessein longtemps médité par la clairvoyante et pieuse charité de nos pères, en éloignant de l'agglomération des habitations qui se pressent d'une manière fâcheuse autour de notre antique Cathédrale, un établissement qui a surtout besoin d'air, d'espace et d'isolement. Ils ont été bien inspirés, ils sont bien heureux les hommes dont le passage à travers la gestion des biens des pauvres sera marqué par l'exécution d'un projet dans lequel sont unis aux raisons générales, dès longtemps démontrées, les moyens d'exécution perfectionnée, enseignés par la science moderne. Aussi, en continuant l'œuvre des temps anciens, accrue de tous les avantages que lui ont procurés les libéralités des hommes de bien dont les noms, transmis d'âge en âge, sont bénis par les générations qui se succèdent, sera-t-il donné à l'administration actuelle, active et prévoyante, d'accroître la somme de bien-être et les conditions générales de salubrité dans des proportions que nos prédécesseurs n'eussent même pu rechercher.

La nécessité de produire ces résultats touche aux plus essentielles questions, à l'accomplissement même des devoirs de l'assistance hospitalière. La société moderne, soit qu'elle obéisse à des lois mystérieuses de conservation, soit qu'elle ne fasse que suivre les exigences d'un instinct impérieux de charité, recherche avec une persévérance intelligente et infatigable les moyens d'amoindrir les misères, d'adoucir les souffrances. Aux œuvres de nos pères chaque jour on ajoute des œuvres, des associations, des patronages nouveaux, ayant de nouveaux buts, de nouvelles formes. D'excellents esprits considèrent l'assistance directe, qui maintient dans sa famille celui qui a besoin de secours, comme préférable à l'admission dans les hospices. Ce n'est pas ici qu'il peut être opportun d'examiner le vrai ou le faux de cette controverse. Constatons seulement qu'elle a produit cette conséquence que les établissements hospitaliers apprécient sagement les besoins de la situation, améliorent et complètent leur organisation, et font disparaître les imperfections de leur antique installation.

Jamais plus qu'en présence des intérêts que nous satisfaisons, la convenance d'une transformation ne fut démontrée, ni l'administration ne put acquérir plus de titres à un assentiment unanime. Cet assentiment, nous l'accompagnons des témoignages de la gratitude des malheureux qui ont à demander à l'assistance hospitalière les moyens de rétablir une santé délabrée par de longs travaux, à remédier aux conséquences d'un accident fâcheux ; nous le donnons au nom des braves soldats qui ont à toute notre sollicitude des droits acquis par les services qu'ils rendent au pays, dont ils sont la sauvegarde, et par la gloire et la prépondérance dans le monde qu'ils contribuent à lui assurer; nous le donnons enfin au nom de ces anges de vertu et de dévouement, qui se consacrent au soulagement des souffrances, et de qui il est de notre plus impérieux devoir d'éloigner, autant que nous le pouvons, des chances trop souvent et trop tôt fatales.

L'édification entreprise est donc un grand et bon acte, et tous les cœurs seront unis lorsque nous joindrons nos voix à celle de l'éminent et vénéré prélat, dont les vertus et le caractère sont si haut appréciés, pour demander à Dieu de protéger l'édification de cette maison et de permettre qu'à mille ans de distance de la date que nous consacrons, elle puisse, comme sa devancière, puisqu'il est dit qu'il y aura toujours des pauvres dans le monde, abriter utilement les infortunes contemporaines.

DISCOURS DE Mgr L'ÉVÊQUE.

Elle est juste, Messieurs, et bien digne de vous, la pensée qui vous porte à appeler la religion à bénir la première pierre de l'édifice destiné à abriter le pauvre, et à lui offrir le secours que réclament ses infirmités.

Jésus-Christ est venu apporter le salut aux pauvres et les a évangélisés les premiers ; mais s'il les a choisis de préférence, il n'a pas rejeté les forts et les puissants, étant puissant lui-même. Il est appelé la pierre angulaire (*angulari lapide Christo*). Tout ce qui repose sur lui demeure ferme ; et ceux qui viendront se heurter contre cette pierre, seront brisés. Pénétrés de ces pensées, nos pères placèrent l'hospice des malheureux tout près des églises et l'appelèrent l'*Hôtel-Dieu* : simple parole qui a tant de portée puisque toute bonté, toute compassion comme tout secours et toute subsistance viennent de Dieu ; et il n'y a de consolations qu'en lui. Les Sœurs de Charité qui animent ces maisons des pauvres par leur présence, et en font disparaître le vide, la solitude et la froideur, s'appuient aussi sur Jésus-Christ, la pierre ferme. Elles trouvent, selon le langage des livres saints, dans les trous de cette pierre, c'est-à-dire dans les plaies et le cœur de Jésus-Christ percé pour notre amour, le rafraîchissement, la vie, la grâce, l'amour, l'espérance et toutes leurs forces.

Invoquons donc Jésus-Christ Notre-Seigneur, afin qu'il bénisse cette première pierre ; qu'il fonde lui-même la maison qu'on édifierait vainement, s'il n'y mettait la main. Invoquons Notre-Dame : que les Filles de la Charité tournent sans cesse leurs regards vers celle qui est le salut des infirmes et le secours des affligés

Béni soit donc le premier magistrat de ce département, qui n'a rien omis pour hâter la conclusion d'une affaire qui importe tant au bien de la cité. Bénis soyez-vous aussi, vous M. le Maire de cette ville, et vous Messieurs les administrateurs de l'Hospice, qui avez fait de cette œuvre l'objet de tous vos soins. Ce monument, en s'élevant majestueusement, attestera aux âges futurs vos vues charitables, votre constante sollicitude pour l'humanité souffrante.

www.ingramcontent.com/pod-product-compliance
Lightning Source LLC
Chambersburg PA
CBHW061531040426
42450CB00008B/1874